Originalausgabe
995 by Verlagsunion Erich Pabel-Arthur Moewig KG, Rastatt

Umschlagentwurf und -gestaltung:
Werbeagentur Zeuner, Ettlingen
Umschlagfoto: BMG Ariola Miller GmbH, Quickborn
Umschlagillustration: Bernhard Zerwann
Printed in Germany 1995
Druck und Bindung: Elsnerdruck, Berlin
ISBN 3-8118-7383-0 (60er-Kassette)

MOEWIG

LACHEN MIT FIPS ASMUSSEN

Da kommt Freude au

MOEWIG

Es sagte die verlassene Braut: „Mein Verlobter will nichts mehr von mir wissen. Er weiß zuviel von mir."

Ich freue mich immer, wenn meine Schwiegermutter uns besucht." – „Ist sie so nett? – „Nein, wir können uns keinen Babysitter leisten."

Professor im Schuhgeschäft hocherfreut: „Diese Schuhe passen mir." – „Kein Wunder", sagt die Verkäuferin, „die hatten Sie schon an, als Sie hereinkamen."

Herr Doktor... mir ist so schwindelig..." – „Ach, haben Sie meine Rechnung schon erhalten?"

Ein kleines Mädchen hatte am ersten Tag im Kindergarten einen Zettel an der Jacke stecken, auf dem stand: „Die von Erika vertretenen Ansichten sind keineswegs mit denen ihrer Eltern identisch.“

Eine Polizeistreife stoppt Petermann: „Weshalb rasen Sie denn mit Ihrem Auto wie ein Verrückter durch die Stadt?“ – „Meine Bremsen sind defekt. Und da will ich nach Hause, ehe ein Unglück passiert.“

Sie sind unser einziger Mitarbeiter, der durch keinen Computer zu ersetzen ist.“ – „Oh, Ihr Lob ehrt mich, Herr Direktor.“ – „Ja, es wurde bisher noch keine Maschine erfunden, die absolut nichts tut.“

Der neue Buchhalter zum Chef: „Warum hängt denn hier ein Sträflingsanzug?“ – „Weil ich möchte, daß Sie sich über die Karriere Ihrer Vorgänger stets im klaren sind.“

Der Besuch geht und geht nicht. Endlich verabschieden sich die Gäste mit den Worten: „Hoffentlich haben wir Sie nicht über Gebühr aufgehalten." – „Keineswegs, um diese Zeit stehen wir sowieso immer auf."

Die Löwenmutter zu ihren Jungen: „Was pustet ihr denn so?" – „Wir haben einen Jäger um den Baum gejagt." – „Ich habe euch doch immer wieder gesagt, man spielt nicht mit Nahrungsmitteln."

Eine ledig gebliebene Dame erzählt seufzend im Altersheim: „In meiner Jugend wurde ich tausendmal gefragt, ob ich nicht heiraten will." – „Von Verehrern?" – „Nein, von meinen Eltern."

Wollen Sie mich heiraten, Fräulein Kruse?" – „Fällt Ihnen denn gar nichts Besseres ein?" – „Doch, aber die will mich nicht."

Franz fragt seinen Freund: „Na, wie fühlst du dich beim Verein der Alkoholfeinde?" – „Ausgezeichnet." – „Und was hast du für eine Funktion?" – „Ich darf saufen, saufen, saufen." – „Das gibt's doch nicht." – „Doch, ich bin das schlechte Beispiel."

Passant zu einem kräftigen Bettler, der am Straßenrand sitzt: „Junger Mann, schämen Sie sich nicht? Sie könnten doch arbeiten!" – „Mein Herr, ich habe Sie nicht um Ihren Rat gebeten, sondern um Geld."

Lassen Sie Ihr Auto regelmäßig warten?" – „Auf wen?"

Kalubkes fahren mit der Bahn durch einen Tunnel. Nach einer Weile sagt sie: „Der ist aber lang.“ – Daraufhin er: „Vergiß nicht, daß wir im letzten Wagen sitzen.“

Die Patientin redet und redet. Schließlich fährt sie der Arzt an: „Können Sie nicht ein paar Minuten still sein?" – „Warum sollte ich, ist das nun eine Sprechstunde oder nicht?"

Wenn ich eine Dummheit gemacht habe, lache ich später selbst immer darüber.“ – „Da führen Sie bestimmt ein lustiges Leben.“

Was machst du, wenn du im Urwald eine Schlange siehst?" – „Hinten anstellen natürlich."

Richter: „Angeklagter, wegen Beleidigung einer Verkehrspolizistin verurteile ich Sie zu 400 Mark Geldstrafe. Haben Sie noch etwas hinzuzufügen?" – „Eine ganze Menge, aber bei diesem Tarif trau' ich mich das nicht."

Carola zu ihrer Freundin: „Würdest du einen Mann heiraten, bloß weil er stinkreich ist?" – „Nie, aber ich brächte es auch nicht übers Herz, so einen armen Mann abblitzen zu lassen."

Ehe wir losfahren, möchte ich gern Ihre Hand sehen", bittet der Taxifahrer den Fahrgast. – „Wozu soll das gut sein?" – „Na ja", sagt der Chauffeur, „meine Bremsen sind nicht in Ordnung, deshalb befördere ich nur Leute mit langer Lebenslinie!"

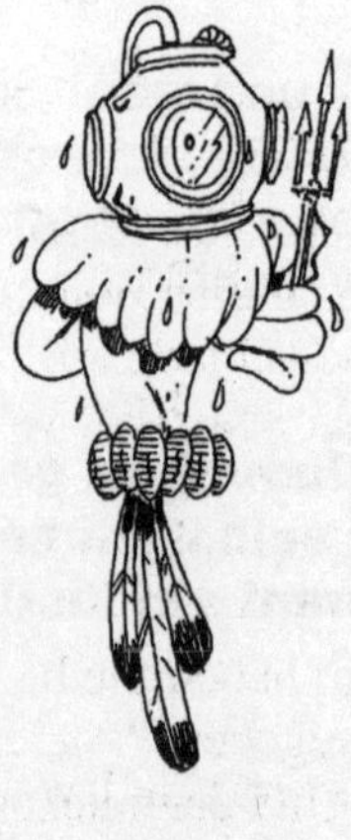

Ein Mann kommt in einen Musikladen: „Ich hätte gern die rote Trompete dort, und das weiße Akkordeon!“
Der Verkäufer: „Also, mein Herr, den Feuerlöscher können Sie mitnehmen, aber der Heizkörper bleibt hier!“

Gerührt sagt der Vater zu seiner Tochter: „Freu dich, vorhin hast du deinen ersten Heiratsantrag gekriegt.“ – Daraufhin schluchzt das Mädchen auf: „Ich will aber bei Mami bleiben.“ – „Na“, sagt der Vater freundlich, „dann nimm sie halt mit.“

Angeklagter, warum haben Sie bei der Polizei einen falschen Namen angegeben?“ – „Ich war wütend auf mich, Herr Richter. Und dann kenne ich mich selbst nicht mehr.“

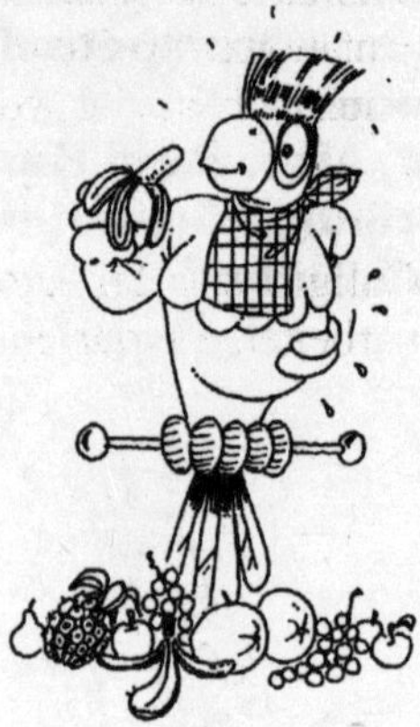

Na, kann man gratulieren? Hast du die Fahrprüfung bestanden?"
„Weiß ich nicht. Der Prüfer ist immer noch bewußtlos."

Wie ist deine neue Freundin?" – „Sie erinnert mich an den Turm von Pisa. Sie ist immer geneigt, aber sie fällt nicht um."

Ich soll in die Hölle?" fragt der Fernsehdirektor fassungslos den Petrus. – Nickt Petrus: „Als Wiederholungstäter."

Personalchef: „Sie können für einen Stundenlohn von zehn Mark bei uns anfangen." – „Sagen wir lieber acht Mark. Dann verliere ich nicht soviel, wenn ich blaumache."

Da war noch das Callgirl, das der Arzt krank schrieb: „Sie sind total überarbeitet, Sie dürfen drei Wochen nicht ins Bett."

Ein hübsches Auto. Wieviel faßt der Tank?" – „Keine Ahnung, um vollzutanken hat das Geld noch nie gereicht."

McPherson hat seiner Frau einen ganz billigen Ring gekauft. „Warum plötzlich so spendabel?" erkundigt sich sein Freund. „Auf diese Weise braucht meine Frau für eine Weile keine Handschuhe!"

Der Arzt stellt die Diagnose: „Sie haben leider Wasser." – „Unmöglich", sagt der Patient, „das kann nicht sein, ich trinke nie einen Schluck Wasser." Nach kurzem Überlegen fügt er hinzu: „Das könnte höchstens von dem Eis kommen, das ich immer in meinen Whisky tue."

Jan und Tim sitzen in der Kneipe. Fragt Tim: „Hast du schon bezahlt?" – „Nö", antwortet Jan, „und du?" – „Ich auch nicht." – „Na, dann nichts wie weg!"

Frage an den Handwerksmeister: „Wie viele Leute arbeiten in Ihrem Betrieb?" – „Das hängt davon ab, ob ich da bin oder nicht."

Arzt zur Patientin: „Was macht eigentlich Ihr altes Leiden?" – „Keine Ahnung, Herr Doktor, wir sind seit einem halben Jahr geschieden."

Die Laienbühne spielt ›Othello‹. Am nächsten Tag steht im ›Landboten‹ die Kritik. Sie endet mit den Worten: „Als der Hauptdarsteller die Hauptdarstellerin schließlich erwürgt, tat er das unter der lebhaften Zustimmung des ganzen Theaters."

Guten Abend, Herr Nachbar", sagte der Mann mit der Axt in der Hand. „Ich möchte gern das Klavier stimmen, auf dem Ihre Tochter gerade übt."

Gefaßt steht der Ehemann am Grab seiner Frau. Der Geistliche spricht. Da verliert der Hausfreund die Beherrschung und heult los. „Beruhige dich doch, Erich", tröstet ihn der Ehemann leise, „ich werde bestimmt bald wieder heiraten."

Fritzchen kommt ins Elternschlafzimmer. „Was macht ihr denn da?" Klärt ihn der Vater auf: „Das nennt man Liebesspiel!" – „Und wer gewinnt?"

Ein Kinobesucher zu seinem Nachbarn: „Den Film sehe ich nun zum fünften Mal. Aber noch nie waren die Schauspieler so gut wie heute!"

Ein verliebtes Elefantenpärchen spaziert Rüssel an Rüssel.
Meint sie: „Hoffentlich führst du mich nicht an der Nase herum!"

Fragt Frau Siebert auf einer Party ihren Tischherrn: „Darf ich fragen, wovon Sie leben?" – „Vom Speck, gnädige Frau." – „Ach, dann sind Sie wohl Metzger?" – „Nein, Miederfabrikant."

Gib doch nicht so an", sagt Lehmann zu seinem Kollegen, „du willst den Direktor vertreten haben?" – „Frag doch mal seine Frau!"

Zwei Ganoven fahren nach einem feuchtfröhlichen Abend nach Hause. Sagt der eine: „Hast du die schöne Armbanduhr der Wirtin gesehen?" – „Nein, zeig her!"

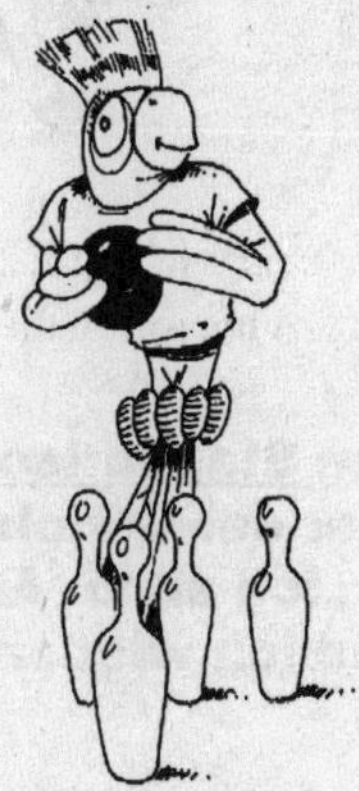

Herr Fink: „Man soll seine Feinde immer mit den gleichen Waffen bekämpfen." – „Leicht gesagt, aber stechen Sie mal eine Wespe."

Herr Doktor, verschreiben Sie mir bitte Magentropfen, meine Stimme ist belegt." – „Bei belegter Stimme brauchen Sie Halstropfen, mein Lieber." – „Keineswegs, Herr Doktor, ich bin Bauchredner."

Zwei Männer am Stammtisch: „Ich bin ein heißer Verfechter der Gleichberechtigung", sagt der eine. – „Ich auch. Aber wer weiß, wann wir die endlich wiederkriegen."

Ein Pärchen sitzt im Wiesengrund an einem Bach. Seufzt der junge Mann: „Ach, wenn ich doch nur mehr Mut hätte." – Sie erwartungsvoll: „Was dann?" – „Dann hätte ich trotz des Verbotes meine Angel mitgenommen."

**Ich gehe immer mit Notizbuch und Bleistift ins Bett", sagt ein Geschäftsmann, „falls mir nachts mal was einfällt."
„Ja, das mache ich auch", erklärt der andere, „es ist meine Sekretärin."**

Verkehrspolizist: „Menschenskind, Sie sind die ganze Zeit Schlange gefahren." – Erwidert der Autofahrer: „Klar doch, sollte ich etwa die vielen weißen Mäuse überfahren?"

Meint der Chef freundlich: „Herr Kruse, Sie sind ein so junger, vielversprechender Mann. Wollen Sie tatsächlich eine dreißig Jahre ältere Frau heiraten? Warum nur?" – „Ja, sehen Sie, Herr Direktor, wenn Sie Banknoten brauchen, schauen Sie ja auch nicht auf das Druckjahr."

Es sagte ein Streichholz zum anderen: „He, mach mich nicht an!"

Beim Frühstück liest der Ganove seiner Frau aus der Zeitung vor: „In der Bank am Rathaus wurde eingebrochen. Der Täter hinterließ nicht die geringsten Spuren." – Lobt die Ganovenfrau: „Prima Kritik, Gustav."

Warum druckst du 250-Mark-Scheine?" – „Fürs Finanzamt, die nehmen alles."

Begehrend flüstert er: „Liebling, du bist die einzige für mich. Ich liebe dich, ich brauche dich, ich kann ohne dich nicht leben." – „Laß mich", antwortet sie und rückt ein wenig von ihm ab. – „Was hast du denn?" – „Ich möchte nicht, daß es etwas Ernstes wird." – „Wer meint es denn hier ernst?" erwidert er.

Es sagte der Apotheker zur Kundin: „ Dieses Medikament wird Ihnen vermutlich nicht helfen, aber es hat keine Nebenwirkungen."

Zwei Freunde treffen sich. „Sag mal“, meint der eine, „du gehst jetzt schon so lange mit der Brigitte. Warum heiratest du sie denn nicht endlich? Die Leute reden sich ja schon über das Mädchen den Mund fusselig.“
„Na, ich bitte dich“, erwidert da der andere, „ich heirate doch kein Mädchen, über das die Leute reden!“

Dracula beim Zahnarzt: „Bitte nur anspitzen.“

Plaudern zwei Freunde. Sagt der eine: „Willst du später in eurer Familiengruft beigesetzt werden?“ – „Bloß das nicht! Das gäbe bloß wieder Ärger mit meinem Bruder.“

Die Frau des Trinkers hat ein Teesieb gekauft. Tobt der Mann: „Kein Tropfen im Haus, aber du kaufst neue Möbel."

Ich bin Gedankenleser und weiß alles, was Sie denken." – „Oh, dann entschuldigen Sie bitte vielmals."

Die jungverheiratete Ehefrau wurde von ihrer besten Freundin gefragt: „Na, wie ist es, schnarcht er?"
„Wie soll ich denn das jetzt schon wissen? Wir sind doch erst seit drei Tagen verheiratet!"

Was ist die schlimmste Krankheit?
Die Liebe, denn da liegen immer gleich zwei im Bett!

Eine Frau zum Bankbeamten: „Das Gute an Ihnen ist, daß Sie nie fragen, was man mit dem Geld macht."

Susi: „Mein neuer Freund hat wirklich ernste Absichten. Gleich am ersten Tag wollte er mich seinen Eltern vorstellen. Wir gingen zu ihm nach Hause, aber sie waren verreist."

Unter Nachbarinnen: „Wie geht es eigentlich Ihrem Sohn, dem Bauchredner?" – „Glänzend geht's ihm. Er verkauft jetzt in einem Tiergeschäft Papageien."

Dann war da noch der Schotte, der aus Geiz seiner Frau das Messer vor dem Frühstück anwärmte, damit sie nicht zuviel Butter nahm.

Ich sehe, Sie tragen Trauer. Ist Ihrem Mann etwas zugestoßen?" – „Das nicht, aber er benimmt sich in letzter Zeit so schlecht, daß ich wieder Trauer um meinen ersten Mann angelegt habe."

Zwei Snobs gehen am Tag ihrer Hinrichtung auf den Scharfrichter zu. Flüstert der eine dem anderen zu: „Haben Sie eine Ahnung, was man dem Mann gibt?"

Warum hast du dir für eine Urlaubsreise mit Marion ausgerechnet die Strecke durch Tirol ausgesucht?" – „Mann – zweiundzwanzig Tunnels!"

Mein Mann ist in letzter Zeit so zerstreut.“
„Wie das?“
„Gestern abend läuft er doch aus Versehen in die Wohnung unserer Nachbarin, und heute morgen sagt er zu mir: ‚So gut warst du aber schon lange nicht mehr!‘“

Es sagte der Sultan zu einer seiner Haremsdamen:
„Deine Augen strahlen wie der Mond und die Sterne, deine Lippen gleichen herrlichen Rubinen. Weitersagen!“

Herr Kalubke schreibt ans Finanzamt: „Meine Frau ist eine außergewöhnliche Belastung, und Sonderausgaben macht sie auch. Ich möchte sie gern absetzen. Sagen Sie mir bitte wie und wo!“

Zwei Hunde unterhalten sich am Gartenzaun. Schließlich fragt der eine den anderen: „Bei einem so miesen Wetter treibst du dich im Garten herum? Warum gehst du nicht in deine Hütte?" – „Das geht leider nicht mehr", knurrt der andere, „mein Herr stellt dort jetzt seinen neuen Kleinwagen rein."

Er: „Was, du willst schon wieder einen Pelzmantel? Du trägst deinen doch erst zwei Jahre!" Sie: „Ach so, und die Jahre, die die Tiere ihn getragen haben, die rechnest du wohl nicht mit?"

Ein Polizeibeamter schreibt eine Verwarnung. Der Parksünder reicht dem Beamten einen Fünfzigmarkschein. „Ich kann nicht wechseln", meint der Polizist und zuckt bedauernd die Schultern. – „Ach, behalten Sie es nur", seufzt der Autofahrer, „ich parke morgen bestimmt wieder hier..."

Hilfsbereit schob der junge Schotte den Handwagen der alten Frau auf die Anhöhe. Dort fragt sie ihn: „Rauchen Sie?" – „Sehr gern sogar", antwortet er erwartungsvoll. – „Das sollten Sie lieber bleibenlassen", rät sie ihm, „denn Sie schnaufen für Ihr Alter schon ganz hübsch..."

Karli verbringt seine Ferien am Meer und erlebt zum erstenmal die Ebbe. „Das ist gemein. Kaum bin ich hier, haut das Meer ab!"

Heute habe ich ein Barometer gekauft", sagt der Schotte zu seiner Frau. – „Aber hör mal, du hast doch dein Rheuma!"

Die siebzehnjährige Marlies hat ein Baby bekommen. Beim Wickeln meint die Hebamme: „Wie klug es schon dreinschaut..." – „Nicht verwunderlich", entgegnet Marlies, „es ist ja neun Monate mit mir aufs Gymnasium gegangen."

Ute zu ihrer Freundin: „Wie ist denn dein neuer Chef?" – „Der Mann muß schrecklich nervös sein. Kaum betritt er morgens das Büro, fängt er an zu arbeiten."

Tante Lina liegt seekrank an Deck in ihrem Liegestuhl. „Herr Kapitän, ist das da drüben Land?"
„Nein, meine Dame, das ist der Horizont."
„Na, immer noch besser als Wasser."

Die Frau des Professors ruft: „Heinz-Wilhelm, komm doch mal her, die Sicherung ist durchgebrannt." – Der zerstreute Gelehrte ruft zurück: „Na, so was! Mit wem denn?"

Ihr Haar wird langsam grau", sagt der Friseur zum Kunden.
„Kein Wunder – bei Ihrem Arbeitstempo."

Eine Ehefrau: „Als ich dich damals heiratete, dachte ich, daß du ein mutiger Mann bist."
„Ja, das haben alles gedacht."

Dann war da noch der Gast, der im Restaurant auf den Kellner wartete. Nach einer Stunde ließ er auf seinem Tisch einen Zettel zurück: „Bin essen gegangen."

Das Konzert spiele ich nur für dich – für dich allein", sagt der junge Klavierspieler zu seiner Geliebten.
„Aber nein!" wehrt sich die junge Dame, „sieh nicht immer so schwarz. Vielleicht kommen noch einige Besucher."

Der bekannte Schauspieler tritt in den Zeugenstand. „Meine Herren", ruft er aus, „vor Ihnen steht der größte lebende Charakterdarsteller." – „Prahlen Sie immer so?" fragt der Richter belustigt. – „Im allgemeinen bin ich die Bescheidenheit in Person, Herr Richter, aber hier stehe ich schließlich unter Eid."

Am Stammtisch: „Beim Wein ist es wie in der Politik. Man merkt erst hinterher, welche Flaschen man gewählt hat."

Meine Frau nörgelt den ganzen Tag." – „Na, so was, meine ist immer zu Scherzen aufgelegt. Gestern zum Beispiel hat sie einen ihrer Vettern, den ich noch gar nicht kannte, im Kleiderschrank versteckt."

Unterhalten sich zwei Kannibalen: „War der neue Missionar schon bei dir?" – „Oh , ja ich hab' ihn gleich zum Essen dabehalten!"

Ich möchte gern wissen, Herr Doktor, warum ich bei Ihnen immer die Zunge herausstrecken muß."
„Damit ich auch einmal zu Wort komme."

Wie ist denn eigentlich der Arzt, der bei euch im Haus eine Praxis eröffnet hat?“ fragt Alois Knösel seinen Nachbarn.
„Der ist wirklich freundlich und tüchtig. Schade, daß er nicht zu Ende studiert hat und nur Kinderarzt geworden ist.“

Da der Patient Angst vor einer Spritze hat, schenkt ihm der Arzt ein Gläschen Weinbrand und noch ein zweites Gläschen Weinbrand ein.
„Nun, jetzt sind Sie wohl tapfer.“
„Und wie, Herr Doktor, den Mann möchte ich sehen, der jetzt noch wagt, mir eine Spritze zu geben.“

Nun“, fragt der Chefarzt den jungen Kollegen, „wie ist denn heute vormittag Ihre erste Operation verlaufen?“
„Operation?“ ruft der junge Mann entsetzt. „Ich dachte, es handelte sich um eine Obduktion.“

Merkt man schon etwas von der Abmagerungskur deines Mannes?" – „Ja, aus dem tätowierten Dampfer wurde ein Faltboot!"

Also, Oma Bichler, es freut mich, daß ich Sie von Ihrem Rheuma befreit habe."
„Schon, Herr Doktor, aber womit soll ich nun das Wetter voraussagen?"

Was darf es denn sein?" fragt der Kellner. „Ein zähes Schnitzel, dazu eiskalte Pommes frites und verwelkten Salat", sagt der Gast. „Tut mir leid", sagt der Ober, „das haben wir nicht." – „Komisch, letzte Woche haben Sie es mir noch serviert."

Ich höre, du hast eine Heiratsvermittlung aufgemacht."
„Ja, irgendwann muß ich auch etwas von meinen sieben Töchtern haben."

Beim Nervenarzt holt der Patient Tabak aus der Tasche und stopft sich damit die Nasenlöcher voll. „Ich sehe, daß Sie meine Hilfe brauchen", sagt der Arzt.
„Ja, Herr Doktor, können Sie mir bitte Feuer geben?"

Herr Verteidiger, Sie können sich mit Ihrem Plädoyer kurz fassen. Der Angeklagte ist geständig."
„So, so, Herr Vorsitzender, Sie glauben ihm also mehr als mir."

Der Schwiegervater sagt zu seinem zukünftigen Schwiegersohn: „Natürlich interessiert mich, wie Ihre Zukunftsaussichten sind."
„Ganz großartig, wenn Ihre Tochter nicht geprahlt hat."

Der Weg von der Kabine zum Ring ist verdammt lang", beschwert sich der Boxer bei seinem Trainer.
„Halb so schlimm, auf dem Rückweg wirst du sicher getragen."

Meine Frau ist fabelhaft sparsam. Sie hat ihren Wintermantel fünf Jahre getragen, und jetzt hat sie ihn in einem Restaurant auch noch gegen einen anderen umgetauscht."

Zwei Igel auf der Landstraße.
„Du, wir müssen hier weg, dort vorne kommt ein Auto!“
„Bleib’ doch, dem lassen wir die Luft raus!“

Ein Amerikaner und ein Engländer unterhalten sich. Sagt der Amerikaner:
„Das Schlimme an euch Engländern ist, daß ihr nur euch selbst kennt. Euer Volk sollte sich mal mit einem anderen vermischen. Ich zum Beispiel habe italienisches, deutsches, spanisches und türkisches Blut in meinen Adern.“
Antwortet der Engländer: „Das war aber sehr sportlich von Ihrer Mutter.“

Doktor Kuntze macht einen Hausbesuch. Die Tochter des Kranken kommt ihm mit einem Baby im Arm entgegen. „Ein reizendes Kind haben Sie da“, sagt der Arzt. „Wer ist denn der stolze Vater?“ – „Das wissen wir erst nächsten Freitag nach der Gerichtsverhandlung, Herr Doktor.“

Ihr Hund ist ja zum Fürchten. Wo haben Sie denn den bloß her?“ – „Er ist mir in Afrika zugelaufen. Ich habe ihm nur die Mähne abgeschnitten.“

In einer Ausstellung moderner Kunst hängt an einer total verrückten Plastik ein Schild mit der Aufschrift: „Bitte nicht mit Händen, Stöcken oder Schirmen berühren!“
Ein Kritiker schrieb darunter: „Nehmt die Axt.“

Ein junger Mann hat auf der Party ein nettes Mädchen kennengelernt."
„Ach bitte, geben Sie mir doch Ihre Telefonnummer", bettelt er.
„Sie lächelt. „9-9-9-9!"
„Na, dann eben nicht", sagt er beleidigt."

Die Dame zum Bankbeamten: „Würden Sie mir wohl einen großen Gefallen tun und diesen Tausendmarkschein wechseln?" – Der Beamte betrachtet ihn genau und sagt: „Tut mir leid, aber der Schein ist nicht echt." – „Natürlich, deshalb bat ich Sie auch um einen großen Gefallen."

Nachbarin: „Nun, wie geht es Ihrem Mann, Frau Kalubke?" – „Seit der Arzt ihm gesagt hat, daß er nie wieder wird arbeiten können, fühlt er sich richtig wohl."

Anwalt: „Warum wollen Sie sich scheiden lassen?“ – Die Frau: „Ich bin des ewigen Alleinseins müde.“

Karl zu einem Arbeitskollegen: „Ich habe gerade deine Freundin gesehen.“ – „Welche?“ – „Na, die Blonde.“ – „Welche Blonde?“ – „Na, die Blonde mit den kurzen Haaren.“ – „Welche?“ – „Na, die mit den grauen Augen und dem bitteren Zug um den Mund.“ – „Ach, die – das ist doch meine Frau.“

Sagen Sie, was ist eigentlich mit Ihrem Mann los? Den sieht man ja überhaupt nicht mehr. Ist er wieder krank?“ – „Ja, er hat leider einen schweren Rückfall gehabt.“ – „Ach ja, wenn man rückfällig wird, brummen sie einem immer ein paar Monate mehr auf.“

Ich bezahle meine Mitarbeiter nach ihrem Wissen", sagt der Direktor zum Buchhalter. „Warum sollte ich also Ihnen eine Gehaltserhöhung geben?"
„Weil ich alles von Ihnen und der Susi aus der Registratur weiß, Chef."

Ich möchte bei Ihnen eine Feuerversicherung abschließen."
„Für Ihr Haus?"
„Für mich selbst. Ich werde aus jeder Stellung gefeuert."

Warum fallen Ihre Trapezkünstler dauernd runter?" – „Der Fänger ist krank." – „Aber wieso treten Sie dann auf?" – „Na, glauben Sie, wegen eines Mannes lasse ich die ganze Nummer platzen?"

Chef zum Angestellten: „Von allen meinen Mitarbeitern sind Sie wohl am meisten auf den Beinen."
„Meinen Sie wirklich?"
„Ja, Sie machen immer den größten Bogen um die Arbeit."

Sie haben wohl auch noch nie etwas von dem Sprichwort ‚Arbeit macht das Leben süß' gehört, Fräulein Feller?"
„Doch schon, aber Pralinen sind mir lieber."

Bei einer Bewerbung fragt der Personalchef einen Vertreter: „Jemand kauft etwas für 15 Mark 20 und verkauft es wieder für 12 Mark 80. Hat er dann Gewinn oder Verlust?"
„Also bei den Mark, da hat er ein bißchen verloren. Aber bei den Pfennigen hat er enorm gewonnen."

Können Sie mir erklären, was das für ein großer Posten auf der Spesenrechnung ist, Brögel?"
„Das sind meine Hotelkosten, Herr Direktor."
„Nun gut, Brögel – aber kaufen Sie in Zukunft keine Hotels mehr auf meine Rechnung."

Mein Mann kommt nach dreijähriger Seereise endlich nach Hause zurück", vertraut die blonde Anita dem Apotheker an, „da kann ich endlich mal die Pille absetzen..."

Claudias Freund kommt zu Besuch. Am nächsten Tag schimpft die Mutter: „Ich hasse es, wenn im Wohnzimmer geraucht wird. Und dann lagen auch noch so viele abgebrannte Streichhölzer auf dem Teppich!" – „Aber wir haben nicht geraucht, Mutti. Wir haben nur ab und zu nachgesehen, wie spät es ist."

Oma fragt die Enkelin: „Dürft ihr denn auch essen, was ihr in der Schule kocht?“ – „Wir müssen!“

Herr Dabermann macht Urlaub in Norwegen und schreibt an seine Frau: „Liebe Lisa! Der Wind heult, das Meer tobt, und ich muß immer an dich denken...“

Fragt die Mutter: „Weißt du, wohin kleine Buben kommen, die ihren Eltern Geld klauen?“ – „Ja“, antwortet der Junge strahlend, „ins Kino.“

Mich haben alle Ärzte schon aufgegeben.“
„So krank bist du?“
„Nein, ich habe ihre Rechnungen nicht bezahlt.“

Lange und gründlich hat der Arzt seine junge, bildschöne Patientin untersucht. Dann sagt er: „Sie sind kerngesund. Ich frage mich, warum Sie zu mir gekommen sind.“
„Ach, wissen Sie“, antwortet das Mädchen. „Ich heirate in drei Wochen, und da wollte ich schon einmal wissen, wie das ist, wenn man sich vor einem Mann ausziehen muß.“

Kalubke geht zu seinem Nachbarn Kaspar hinüber und sagt: „Hören Sie, das Rhinozeros, das ich Ihnen gestern an den Kopf geworfen habe, nehme ich hiermit zurück.“ – „Das freut mich, dann ist die Sache erledigt.“ – „Ja, das ist so“, erwidert Kalubke, „ich habe vorhin im Radio gehört, daß ein Rhinozeros 15 000 Mark kostet. Und das sind Sie mir nicht wert, Sie... Sie – Meerschweinchen, Sie!“

Seufzend wendet sich eine Schildkröte an die andere: „Sex, Sex, Sex – alle hundert Jahre will er dasselbe."

Zwei Schauspieler begegnen sich. „Ich habe dich gestern gesehen." – „Wo?" – „In der U-Bahn." – „Und wie war ich?"

Ruft die junge Frau nach einem heftigen Ehekrach: „ Ich fahre jetzt zu meiner Mutter! Und das eine sage ich dir: Wir kommen wieder!"

Jeden Tag kommt ein Mann in die Bar, bestellt ein Glas Wasser, trinkt es, legt zwei Mark hin und geht wieder hinaus. Endlich wird es dem Barkeeper zu bunt: „Hören Sie mal – Sie können doch hier nicht bloß Wasser trinken und schnurstracks wieder rausgehen!" – „Was erwarten Sie denn?" sagt der Gast. „Soll ich vielleicht hinaustorkeln?"

Eine amerikanische Schauspielerin weicht Fragen nach ihrem Alter mit der Bemerkung aus: „Ich kann's beim besten Willen nicht sagen. Es ändert sich ja von Minute zu Minute."

Ein junger Mann holt die hübsche Silvia mit seinem Auto ab. Sagt Silvias Mutter besorgt: „Paß immer gut auf, wenn er fährt." – Meint der Vater: „Paß lieber gut auf, wenn er parkt."

Bahnbeamter zum Reisenden, der völlig atemlos einem Zug nachschaut: „Haben Sie den vielleicht versäumt?“ – „Nein, verscheucht.“

Ein ehemaliger Schüler spricht seinen Lehrer an, der mit einem anderen Herrn zusammensteht: „Sie müssen mir doch noch kennen, Herr Leufer, bei Sie habe ich doch Deutsch gelernt.“

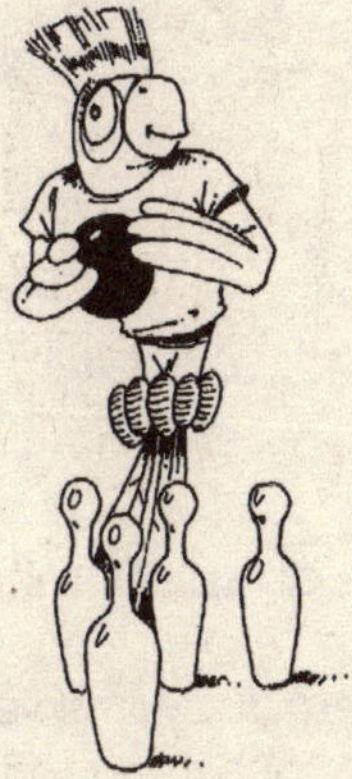

Gnädige Frau", riet der Arzt seiner Patientin, „vor allem müssen Sie viel Luft und Bewegung haben. Gehen Sie doch jeden Tag spazieren." – „Nein", widersprach da die Patientin, „das kann ich mir nicht leisten, denn dann würden die Leute denken, wir hätten unseren Wagen verkauft."

Gestatten, Müller." – „Müller, Müller, den Namen habe ich doch schon mal gehört." – „Gewiß, mein Vater ist am Theater."

Sag mal, Jochen, du spielst mit Eugen überhaupt nicht mehr Skat?"
„Würdest du mit jemandem spielen, der dauernd schwindelt?"
„Natürlich nicht."
„Siehst du, der Eugen auch nicht."

Was, ich soll eine gewisse Ähnlichkeit mit Walter haben? Der ist doch klein und dick, während ich lang und schlank bin." – „Ganz richtig, aber er ist mir auch noch hundert Mark schuldig."

Hempel findet seine Verlobte in Tränen aufgelöst. „Mein Vater mußte Konkurs anmelden", schluchzt sie. – „Habe ich es nicht immer gesagt", tobt Hempel, „dem Alten ist doch jedes Mittel recht, uns auseinanderzubringen!"

Mein Mann und ich haben ein gemeinsames Bankkonto." – „Gibt es da nicht manchmal Streit?" – „Nein, da ist alles geregelt. Er zahlt ein, und ich hebe ab."

Mein Bruder hat am Arbeitsplatz Tausende unter sich", prahlt einer. – „Leitet er eine Fabrik?" – „Nein, er ist der Friedhofsgärtner."

Schrippel klagt dem Scheidungsrichter sein Leid: „Immer, wenn ich nach Hause komme, finde ich Krümel im Bett." Der Richter zur Frau gewandt: „Stimmt das, was Ihr Mann sagt?"
„Ja, Herr Vorsitzender."
„Und was sind das für Krümel?"
„Es ist immer nur einer – unser Nachbar Oskar Krümel."

Ein Ehepaar aus Schottland steht auf der Zugspitze. Er ist begeistert von dem Panorama: „Ich bin wie berauscht." Meint sie: „Siehst du, es geht auch ohne Alkohol."

Susi sitzt im Büro gähnend an der Schreibmaschine. „Ich weiß nicht, warum ich heute so müde bin", sagt sie, „letzte Nacht bin ich doch fünfmal ins Bett gegangen."

Der Professor zum Patienten: „Zuerst die gute Nachricht: Die Krankheit, an der Sie leiden, wird Ihren Namen tragen."

Unser Direktor legt großes Gewicht auf seine Sekretärinnen", sagt der Personalchef bei einer Vorstellung." – „Ach, wie schwer ist er denn?"

Der junge Mann fuhr entschieden zu schnell. Eine halbe Stunde später erwacht er aus der Ohnmacht.
„Wo bin ich?" flüstert er.
„Auf Nummer 177", erwidert eine Stimme.
„Krankenhaus oder Gefängnis?"

Wir werden frei sein. Frei von Anarchismus, Kommunismus, Terrorismus", ruft der Kandidat in die Wahlversammlung. Da kommt eine Stimme von hinten: „Und wie ist es mit dem Rheumatismus?"

In Polen fragt der kleine Jan die Oma: „Was war eigentlich früher da: das Ei oder das Huhn?"
„Früher einmal war beides da."

Herr Direktor, ich habe morgen Silberhochzeit. Kann ich zu Hause bleiben?"
„Ausnahmsweise, aber daß mir das nicht öfters vorkommt."

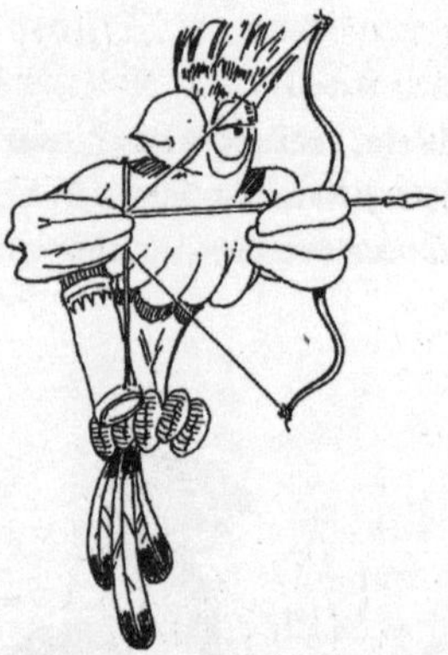

Sagt Herr Kümmel zu seinem Freund: „Wer seinen Kindern ein Vorbild sein will, muß sich darüber klar sein, daß er dann in seinen besten Jahren nichts vom Leben hat."

Haben Sie nichts anderes als Veilchen?" raunzt der Käufer die Blumenfrau an der Ecke an. – „Doch, kalte Beine, aber die kriegen Sie wohl kaum ins Knopfloch."

Das zerstrittene Ehepaar verläßt nach einer langen Aussprache den Eheberater. Draußen sagt er: „Silvia, ich habe dich wirklich lieb..."
„Jetzt fängst du schon wieder an", ruft sie dazwischen.

Schneiders wollten an einem Sonntag ins Grüne fahren, aber das Auto streikte. Als Herr Schneider dann vorschlug, ein wenig spazierenzugehen, sagte seine kleine Nichte weinerlich: „Aber dann muß ich ja mit den Beinen laufen."

Egon verfolgt die Blondine. Plötzlich bleibt sie stehen und sagt: „Sie laufen mir schon eine halbe Stunde nach, Sie unverschämter Kerl!"
Darauf Egon: „Geben Sie mir doch Ihre Adresse, dann gehe ich schon vor!"

Beim Portier im Hotel Schönblick läutet das Telefon. „In meinem Zimmer ist eine Maus." – „Macht nichts, sie kann ihre Anmeldung auch morgen früh noch ausfüllen."

Ein Mann bietet einem Juwelier einige wertvolle ungefaßte Stücke an. Der Juwelier betrachtet die Steine aufmerksam und fragt: „Wurden sie schon mal gefaßt?" – „Ich?" stottert der Mann. „Nein, noch nie."

Anton Kruse im Reisebüro: „Ich suche für meine Frau einen Winterkurort. Haben Sie einen mit Lawinengefahr?"

Peter Puttner fällt aus dem Fenster im vierten Stock. Alle Knochen bleiben heil. „Habe ich das nicht gut gemacht?" sagt der Schutzengel, der neben ihm steht. „Ja, aber wo warst du Faulenzer, als ich geheiratet habe?"

Ein junger Mann fragt seine Tanzpartnerin: „Darf ich Sie nach Hause begleiten?" – „Gern", erwidert sie, „aber warum gerade mich?" – „Weil es mein Ehrgeiz ist, eine erfahrene junge Dame nach Hause zu bringen." – „Erfahren?" entgegnet sie lächelnd. „Ich bin aber gar nicht erfahren." – „Sie sind auch noch nicht zu Hause."

Beim Arzt: „Worunter leiden Sie?“ – „Unter Unschlüssigkeit, Herr Doktor. Aber ich bin mir nicht ganz sicher.“

Ein Lastwagenfahrer nähert sich der Unterführung. Sagt der Beifahrer: „Oh, so ein Pech: Nur 3,40 Meter Höhe, wir haben aber 3,60 Meter.“ – „Macht nichts, oder siehst du irgendwo einen Polizisten?“

Reporter: „Wieviel Milch geben Ihre Kühe denn so jeden Tag?“ – „Etwa 65 Liter.“ – „Und wieviel verkaufen Sie davon?“ – „78 Liter.“

Anruf beim Zirkusdirektor. „Ich hätte eine tolle Nummer für Sie. Ich kann ein achtzig Zentimeter langes Schwert schlucken.“ „Was soll denn dabei so sensationell sein?“ „Ich bin ein Liliputaner.“

Wie gibt es denn das, daß Sie vom eigenen Hund gebissen wurden?" fragt staunend der Arzt.
„Als ich letzte Nacht nach Hause kam, war ich so stocknüchtern, daß er mich für einen Fremden hielt."

Wie geht es eigentlich Franz Hebermann?"
„Ganz gut, er ist zur Zeit zur Kur in Baden-Baden."
„Toller Aufstieg. Als ich ihn vor drei Jahren kennenlernte, nahm er noch Natron."

Herr Wirt", beklagt sich ein Gast, „Ihr Wiener Schnitzel ist noch kleiner als ein Zwanzigmarkschein." – „Na und? Es kostet dafür auch nur 19,90 Mark."

Du warst gestern am Stammtisch so besoffen, daß du für zweihundert Mark das Brandenburger Tor verkauft hast." – „Interessant. Und welcher Trunkenbold hat es gekauft?" – „Ich."

**Die Hebamme teilt dem Richter mit, daß er Vater von Vierlingen geworden sei.
Stöhnt der Richter völlig verzweifelt: „Ich glaube, ich werde das Verfahren einstellen müssen!"**

Mit einem Rausch kommt Anton Krause um Mitternacht nach Hause. Seine Frau heult: „Gestern warst du pünktlich zum Abendessen da – und nüchtern. Ich war so glücklich. Und heute?" – „Heute war ich wieder dran, glücklich zu sein."

Im Wirtshaus erzählt der Bauer seinen Stammtischbrüdern: „Stellt euch vor, letzte Woche habe ich meinen Hühnern statt Futter Sägemehl gegeben." „Und was ist passiert?" – „Elf der frisch geschlüpften Küken haben ein Holzbein, und das zwölfte ist Specht."

Was mir heute passiert ist, wünsche ich meinem ärgsten Feind nicht." – „Was denn?" – „Ich habe im Lotto gewonnen."

Warum ist denn Silvia nicht mehr im Wanderverein?" – „Sie ist mit dem Vorsitzenden zu weit gegangen."

Du, Mutti", seufzt der kleine Alf, „soll ich die Bibi oder die Tina heiraten? Die Bibi gefällt mir ja besser – aber die Tina hat so'n süßes Meerschweinchen."

Wenn mein Sohn mit dem Studium fertig ist, übernimmt er den Hof", erzählt der Bauer seinem Feriengast. Staunt der: „Muß ein Bauer heute Agrarwirtschaft studiert haben...?" „Nein", sagt der Bauer, „aber Chemie..."

Kichert die Mücke im Porzellanladen: „Die werden sich hier noch wundern, wenn man erst einen Elefanten aus mir gemacht hat."

Du hast neulich all deine Manuskripte der letzten zehn Jahre verkauft?" wird ein Schriftsteller von einem Kollegen gefragt. „O ja", seufzt der, „aber was bekommt man heute noch für Altpapier?"

Unser Junge kann schon mit neun Monaten laufen."
„Bei den Benzinpreisen heute kann man auch nicht früh genug damit anfangen."

Richter: „Angeklagter, Sie haben Ihre Frau verprügelt. Ich verurteile Sie zu sieben Monaten Haft."
„Ich nehme die Strafe an, aber kann ich sie bitte erst nach den Flitterwochen absitzen?"

Fünf Minuten braucht Anita Lutzel, um dem Arzt ihre Beschwerden zu schildern: Kopfschmerzen, Bruststiche, Hexenschuß und so weiter: „Können Sie mir sagen, Herr Doktor, was mir fehlt?"
„Ihnen fehlt nichts mehr", sagt der Arzt, „Sie haben schon alles."

Sie gingen Hand in Hand durch den Park. Sie seufzt:
„O Walter, mein Walter!"
„Nun hör mal, Doris, ich heiße doch Egon."
„Ach, verzeih mir bitte, ich dachte, heute sei Donnerstag."

Nachts schwankt ein Betrunkener auf einen Fußgänger zu. „Ich finde mein Auto nicht mehr."
„Dann nehmen Sie doch die Straßenbahn!"
„Das geht nicht, die paßt nicht in meine Garage."

Glauben Sie wirklich, daß mir Ihre Kur gegen Haarausfall helfen kann?"
„Keine Frage – kürzlich hatte ich einen Patienten, der konnte sich schon die Haare raufen, als er die Rechnung bekam."

Ist Gottfried eigentlich glücklich geworden mit der Frau, die er damals aus der See gerettet und dann geheiratet hat?"
„Glücklich nicht – aber wasserscheu."

Sind Sie Trinker?" fragt Hannes den Barmixer.
„Nein, mein Herr."
„Schade, dann kann ich Ihnen auch kein Trinkgeld geben."

Der Richter: „Wir kommen jetzt zur Verlesung der Vorstrafen des Angeklagten.“ Meint dieser: „Aber nicht, daß Sie mir dann vorwerfen, ich hätte die Verhandlung unnötig in die Länge gezogen.“

Silvia, ich bin ja so glücklich, daß ich eine Frau wie dich gefunden habe.“
„Ja, ich weiß, weil du von meinem Vater eine Million Finderlohn bekommen hast.“

Ein Patient kommt zum Arzt und klagt über Leibschmerzen. „Wo haben Sie denn die Schmerzen zum erstenmal gespürt?"
„Am Bahnhofsplatz, Herr Doktor."

Sie sind hoffentlich nicht schwatzhaft?" fragt Bröselmann seine neue Sekretärin.
„Aber nein, Herr Direktor. Sehen Sie hier mein Sparbuch: 10 000 Mark, und alles Schweigegelder."

Zwei Sonntagsjäger begegnen sich. Fragt der eine: „Na, was getroffen?" – „Ja", erwidert der andere. – „Aber dein Rucksack ist doch ganz leer." – „Die Kuh paßte nicht hinein."

Kannst du mir sagen, warum meine Frau immer die Augen schließt, wenn ich sie küsse?" fragt der Ehemann seinen Freund. „Keine Ahnung. Bei mir macht sie das nicht."

Ein Vater verspricht seiner 16jährigen Tochter: „Wenn du bis zum 18. Geburtstag brav bleibst, dann bekommst du von mir ein silbernes Armband." – „Zu spät", lächelt die Tochter. „Gestern war ich nicht brav und habe dafür ein goldenes bekommen."

Es sagte ein Mann zu seinem Kollegen: „Meine Frau hat zwei Schränke voll nichts anzuziehen."

Kruse ruft das Dorfkino an: „Wann beginnt bei Ihnen die Vorstellung?" – Der Kinobesitzer: „Wann können Sie denn hier sein?"

„Wie alt ist Fräulein Seumel?"
„Gerade 35.
Hat sie Eindruck auf dich gemacht?"
„Ja. Einen weit älteren."

Wissen Sie, was entsteht, wenn sich zwei Tausendfüßler innig umarmen?" – „Nein." – „Ein Reißverschluß."

Zimmerwirtin: „Ich habe mich nie sonderlich um meinen Untermieter gekümmert, aber bei ihm muß was faul sein: Welcher anständige Mensch würde sonst von innen das Schlüsselloch verhängen?"

Lassen Sie sich vom Kilopreis nicht irre machen", meint der Metzger zur zögernden Kundin. „Sie zahlen effektiv nur eine Mark 20 pro Bissen."

Patient: „Und wenn Ihnen die Operation mißlingt, Herr Doktor?" – „Machen Sie sich keine Sorgen. Das merken Sie gar nicht."

Im Krankenhaus hat man mein Gehirn geröntgt, aber nichts gefunden." – „Haben Sie denn ein anderes Ergebnis erwartet?"

Der fast Kahle geht zum Friseur und fragt: „Können Sie mein Haar etwas locken?" „Locken kann ich es – aber ob es kommt?"

Dieter läuft unruhig im Zimmer auf und ab. „Was hast du denn?" fragt sein Freund. „Ich mache mir Sorgen wegen meiner Frau!" – „Oh, was hat sie denn?" – „Den Wagen."

In Zukunft werde ich nur noch mit dem Polizeipräsidenten verhandeln", erbost sich eine Dame, nachdem sie von einem Polizisten ein Strafmandat erhalten hat. „Als Offiziersgattin muß ich darauf achten, daß wenigstens die Rangfolge eingehalten wird."

Der Bankdirektor sagt mit strenger Miene zum Kunden: „Ihr Konto ist extrem überzogen. Wir müssen Sie dringend bitten, für Deckung zu sorgen!" – „Natürlich, Herr Direktor", erwidert der Kunde. „Ich stelle Ihnen sofort einen Scheck aus."

Unter Bekannten: „Ich fahre morgen für vier Monate in die Ferien." – „Warum haben Sie denn keine Berufung eingelegt?"

Ein Geschäftsmann macht sein Testament: „Wenn ich sterbe, soll mein Leichnam verbrannt werden." – Notar: „Und die Asche?" – „Die schicken Sie ans Finanzamt mit folgendem Vermerk: ‚Nun habt ihr alles.'"

Sagt die vornehme Mama: „Denke immer dran, Dieter: Man sagt transpirieren und niemals schwitzen." – „Ach, entschuldige, Mutti – das hatte ich ganz vertranspiriert."

Die jungverheiratete Frau zur Freundin: „Eigentlich wollten wir ja ein Baby haben, aber dann haben wir uns doch für ein Auto entschlossen. Die Lieferfristen waren kürzer."

Der erstaunte Bankdirektor zu seinem Chauffeur: „Seit wann duzen Sie mich?" – „Oh, Entschuldigung, ich dachte, es sei die gnädige Frau."

Brautvater zum Schwiegersohn: „Heute ist der glücklichste Tag in deinem Leben. Genieße ihn." – „Heute? Ich heirate doch erst morgen." – „Eben."

Herr Direktor, ich möchte zwei Tage Urlaub nehmen. Meine Frau ist krank geworden, und ich muß mich um sie kümmern." – „Sie sind ein Lügner! Gerade hat mich Ihre Frau angerufen und gesagt, ich soll Ihnen keinen Urlaub geben." – „Jetzt habe ich Sie aber beim Schwindeln erwischt, Herr Direktor. Ich bin nämlich gar nicht verheiratet."

Gut, daß ich dich treffe, Eugen. Du mußt mir zwei Mark für die Straßenbahn leihen." – „Ich habe aber nur einen Zwanzigmarkschein in der Tasche." – „Macht nichts, dann fahre ich eben mit dem Taxi."

Ein Jammer, meine Uhr ist kaputt", klagt Anton seinem Freund. „Dann wirf sie doch weg!" – „Das wäre schade, denn zweimal am Tag zeigt sie ja noch die richtige Zeit."

Bei Meiers läutet es an der Tür. Es ist Nachbars Krischan. „Möchtest du etwa schon wieder einen Krimi von uns ausleihen?" fragt Frau Meier. „Du hast doch schon sieben!" – „Nein", sagt Krischan, „aber wenn Sie vielleicht ein Regal entbehren könnten..."

Onkel Hans erzählt von seinen Abenteuern in Afrika. „Eines Tages wurde ich von sieben Löwen verfolgt..." Da mischt sich sein kleiner Neffe ein: „Voriges Jahr hast du erzählt, es waren vier Löwen." – „Ja, Junge, da warst du noch nicht alt genug, um die ganze Wahrheit zu erfahren."

Stell dir vor, die Polizei hat mir den Führerschein abgenommen. Und schuld daran war ein Geisterfahrer." – „Was hattest du denn mit einem Geisterfahrer zu tun?" – „Der Kerl ist so langsam gefahren, daß ich ihn überholen mußte."

Erna Heinke schreibt eine Beschwerde an die Post: „Seit drei Wochen ist mein Mann geschäftlich in Hannover. Aber Sie benützen für seine Briefe immer den Stempel von Paris."

Ehefrau: „Mein Mann betrügt mich. Was kostet es, wenn Sie mir dafür die Beweise liefern?" – Detektiv: „Mit tausend Mark müssen Sie schon rechnen." – „Gut, ich bin ganz sicher, mein Geliebter wird mir das Geld dafür leihen."

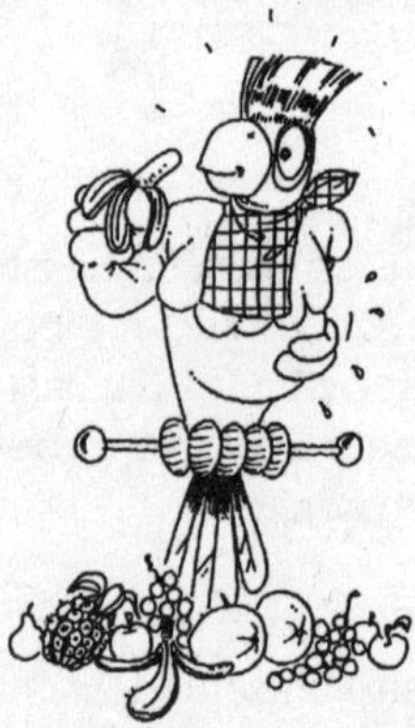

Hein Böhm jammert seiner Frau Antje vor: „Beim Einkaufen habe ich mir im Supermarkt eine Grippe geholt." – Antje schimpft: „Liebling, die hättest du woanders umsonst haben können!"

Zieh dich schnell an, mein Mann kommt", fordert Luise Sommer den Hausfreund auf. – „Gott sei Dank, er hat mein Telegramm bekommen..."

Mit einer Stunde Verspätung kommt Anton Klubke ins Büro, über und über mit Pflaster beklebt. „Ich bin aus dem Fenster gefallen“, jammert er. Der Chef knurrt: „Na und, das hat doch keine Stunde gedauert!“

Eugen Gruen geht zum Einwohnermeldeamt. Der Beamte überreicht ihm ein Formular. „Tragen Sie erst den Nachnamen und dann den Vornamen ein. Also die Namen in umgekehrter Reihenfolge.“ – Eugen Gruen schüttelt den Kopf und schreibt dann auf den Zettel: neurG neguE.

Der Chef donnert seinen Prokuristen an: „Haben Sie eine Liebschaft mit meiner Sekretärin?“ – „Nein, wirklich nicht, Herr Direktor.“ – „Das trifft sich gut, dann können wenigstens Sie ihr die Kündigung überreichen.“

Was meinst du", fragt der Boxer seinen Trainer, „werde ich Charly Knopke schlagen?" – „Hundertprozentig. Wenn du weiter so wild in die Luft schlägst, hat er in der dritten Runde eine Lungenentzündung."

Es sagte ein Kellner zum Gast: „Wie können Sie sagen, die Bedienung sei schlecht. Sie haben ja noch gar keine gehabt."

Aus einem Rundschreiben: „Anläßlich des hundertjährigen Jubiläums unserer Firma bekommen alle die Mitarbeiter eine Gehaltserhöhung, die vom ersten Tag an bei uns beschäftigt waren."

Haben Sie in Berlin auch so hohe Berge?“ fragt der Alpenwirt seinen Berliner Gast. „Nee, aber wenn wa welche hätten, dann wären se höher.“

Eigentlich schade, daß es hier bei uns in der Stadt schon lange keine richtige Demonstration mehr gegeben hat.“ – „Sind Sie verrückt?“ – „Nein, Glasermeister.“

Fragt die Dame schnippisch im Restaurant: „Ich hoffe, es stört Sie nicht beim Rauchen, wenn ich weiteresse?“ – „Aber nein“, antwortet ihr Tischnachbar, „ich kann die Kapelle trotzdem noch gut hören.“

Edith liegt zitternd unter ihrer Bettdecke. „Liebling“, flüstert sie nach einer Weile, „als ich noch ein Kind war, hat mich meine Mutter in den Arm genommen, wenn ich fror.“ – „Na und?“ erwidert ihr Mann. „Soll ich jetzt etwa mitten in der Nacht aufstehen und deine Mutter holen?“

Warum stöhnen Sie denn so, Herr Kalubke?" – „Ach, meine Schuhe sind zu eng." – „Warum tragen Sie sie dann?" – „Meine Frau ist krank, der Chef ein Ekel, die Gläubiger hetzen mich, meine Töchter sind häßlich und ledig. Wenn ich abends nach Hause komme und die Schuhe ausziehe, dann habe ich wenigstens einmal am Tag ein Glücksgefühl."

Ein Kunde kommt in die Reparaturwerkstatt, um sein sehr betagtes Auto abzuholen: „Na, Meister, haben Sie sich den Wagen mal gründlich angesehen?" – „Hab' ich", stöhnt der Meister „an dem Karren gibt es nur ein Stück, was kein Geräusch macht – und das ist die Hupe."

Vorhin hat ein Bettler bei uns geklingelt. Ich habe ihm einen Teller Suppe und eine Mark gegeben."
„Hat er die Suppe gegessen?"
„Natürlich."
„Dann hat er die Mark verdient."

Hannes, du bist ein wirklich nettes Kerlchen geworden", staunt die Tante, als sie zu Besuch kommt. „Ich glaube, du wirst mal wie dein Papa." – „Ja, das fürchtet Mama auch."

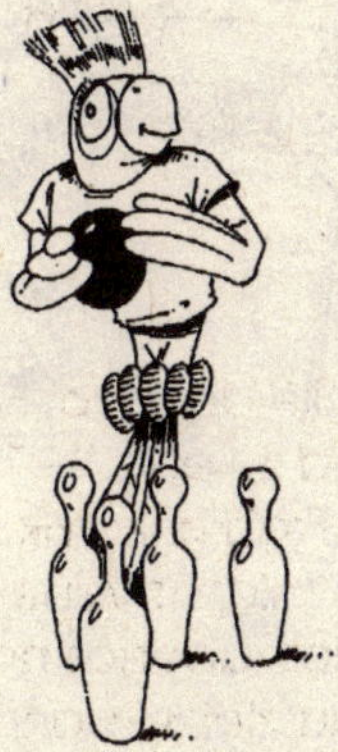

Man kann nur darüber staunen, was Kinder sich heutzutage alles ausdenken. Sagt ein Sechsjähriger zu seinem gleichaltrigen Spielgefährten: „Komm, laß uns Krankenhaus spielen. Du operierst, und ich klage."

Lore, du trägst den Ehering an der falschen Hand." – „Ich bin ja auch mit dem falschen Mann verheiratet."

He, Mann, was suchen Sie denn in meiner Hosentasche?" – „Streichhölzer." – „Und warum bitten Sie mich nicht einfach um Feuer?" – „Ich spreche so ungern fremde Leute an."

Jetzt habe ich endlich heraus, wo mein Mann seine Abende verbringt", erzählt Frau Schwebke der Freundin. „Gestern kam ich einmal früh nach Hause, und wer sitzt da? – Mein Mann."

Ein Tourist fragt im Hofbräuhaus: „Sind in München eigentlich große Männer zur Welt gekommen?" Der Einheimische: „Nein, immer nur kleine Kinder."

Eine Frau läßt in der U-Bahn ein Päckchen liegen. „Sie haben etwas vergessen!“ ruft ihr ein junger Mann hinterher. – „Das habe ich absichtlich getan“, gesteht die Frau, „es ist das Frühstück für meinen Mann, der ist beim Fundbüro.“

Karin, meine Liebe zu Ihnen ist so groß, daß sie Berge versetzen könnte.“ – „Also, wenn das so ist, Herr Strauß, dann können Sie mir am nächsten Ersten beim Umzug helfen.“

Seit gestern glaube ich an Seelenwanderung“, sagt Bankdirektor Krempel zu seiner Frau, „unser Hauptkassierer, die Seele des Geschäfts, ist mit der Kasse durchgegangen.“

Ich gratuliere", sagt der Arzt nach der Untersuchung der kleinen Statistin vom Stadttheater. „Zum erstenmal werden Sie jetzt eine tragende Rolle spielen."

Du Paula, da ist ein Meinungsforscher an der Tür. Was darf ich mir denn heute abend im Fernsehen anschauen?"

Ein Beamter läßt sich nach 25 Jahren in eine andere Abteilung versetzen. „Nanu, was soll dieser plötzliche Entschluß?" fragt ein Freund. „Ja, das ist eben das Zigeunerblut in mir."

Nach der Party sagt sie auf dem Heimweg zu ihrem Mann: „Wirklich reizende Leute, diese Brinkmanns. Eine Million Schulden und doch so einfach und bescheiden."

Er: „Gib doch nicht immer so an. Du bist schon im ganzen Haus als Aufschneider bekannt." Sein Freund: „Was heißt im Haus? – In der ganzen Stadt!"

Am Bankschalter beschwert sich ein Kunde: „Bei der Buchung meines letzten Schecks ist Ihnen ein Irrtum unterlaufen." Der Angestellte entgegnet: „Aber Sie hatten doch selbst vermerkt: ‚Zur Verrechnung!'"

Für Geologen sind zehn Jahre soviel wie für uns ein Tag." – „Ach du lieber Himmel, gestern habe ich einem 1000 Mark für eine Woche geliehen."

Der Polizist entdeckt in einer stillen Ecke am See einen Angler. „Haben Sie eine Angelkarte?" fragt er streng. – „Da können Sie mit mir kein Geschäft machen", erklärt der Angler. „Ich finde die Fische auch so."

Meint Heidi zu ihrer Freundin: „Ach, wie viele werden wohl todunglücklich sein, wenn ich heirate." Darauf ihre Freundin: „Wieso, wie viele willst du denn heiraten."

Auf dem Wochenmarkt streiten sich zwei Gemüsefrauen. Wütend steckt die eine Frau der anderen eine faule Tomate in den offenen Mund. Diese murmelt, so gut es geht: „Die laß ich drin, bis die Polizei kommt."

Rudi kauft Verlobungsringe, bringt sie aber am nächsten Tag schon wieder zurück. „Haben sie Ihrer Braut nicht gefallen?" fragt der Juwelier.
„Die Ringe schon, aber ich nicht."

Man merkt doch, daß ich alt werde“, sagte Karl Hurtig zu seinem Freund. „Jedesmal, wenn ich eine Frau kennenlerne und sie ist häßlich, atme ich direkt auf.“

Die junge Ehefrau packt ihren Koffer. „Ich gehe zu meiner Mutter zurück.“
„Aber Liebling, wir hatten doch noch nie Streit.“
„Das schon, aber meine Unordnung macht mich krank, und mein Essen schmeckt mir überhaupt nicht.“

Angeklagter, Sie haben also die Zeugin mißbraucht?“
„Nein, Herr Richter, ich bin doch arm!“
„Was hat das damit zu tun?“
„Armut schändet nicht!“

Du Kurt, heute habe ich auf der Straße die Neumanns getroffen. Sie ist stockheiser und kann kaum sprechen.“
„Sehr gut, dann könnten wir sie ja heute abend einmal zu uns einladen.“

Was, dieser Krug soll über 2000 Jahre alt sein?“
„Ja, mein Herr“, antwortet der Aufseher im Museum.
„Sie sind ein Lügner, wir haben ja erst das Jahr 1995!“

Hast du schon gehört: Die Ehe von Professor Gruber soll ganz unglücklich sein.“
„Ich weiß, er ist Mathematiker, und seine Frau ist unberechenbar.“

Als er die gesalzenen Preise auf der Speisekarte sieht, sagt der junge Mann zu seinem Mädchen: „Na, was möchtest du denn essen, mein Dickerchen?"

Kundin im Wäschegeschäft zur Verkäuferin: „Nichts Frivoles, es ist nur für die Untersuchung beim Arzt."

Wie war's im Urlaub?"
„Schön. Bis auf das rheinische Essen."
„Warum fährst du auch an den Rhein?"
„Wieso Rhein? Ich war auf Ibiza."

Jakob erzählt von seiner Sommerfrische auf der Alm: „Nachts war es dort so kalt, daß wir unter den Kühen Feuer machen mußten, um die gefrorene Milch im Euter aufzutauen!"

Der Hund guckt mir dauernd aufs Essen, Herr Ober!"
„Klar, Sie haben ja seinen Teller."

Sehr aufmerksam", sagte der Kanzler, als er am Wolfgangsee statt Krautwickel Kohlrouladen vorgesetzt bekam.

Warum schließt du immer die Augen, wenn du Wein trinkst?"
„Das will ich dir sagen: Beim Anblick des Weins läuft mir das Wasser im Mund zusammen, und ich mag nun mal keinen verwässerten Wein!"

Der Ochse, von dem das Steak stammt, muß verliebt gewesen sein!"
„Wie kommen Sie darauf?"
„Es besteht aus lauter Sehnen!"

Warum drängen sich denn so viele Leute um meinen Tisch, Herr Ober?"
„Sie hatten doch einen Auflauf bestellt, Herr von Bülow!"

Ich habe heute etwas Besonderes für Sie: einen wundervollen Eiswein. Möchten Sie ihn mal probieren?"
„Gern, aber bitte nur ein ganz kleines Würfelchen."

Mein Computerspiel hat einen Kurzschluß", klagt der Junge seinen Freunden, „unser Video-Recorder ist in Reparatur. Könnt ihr euch erinnern, wie man spielt?"

Ist das nicht zu kompliziert für einen kleinen Jungen?" fragt der Vater beim Kauf eines Elektronik-Spiels.
„O nein", erklärt der Verkäufer, „es soll schon die Kleinsten psychologisch auf die Welt von heute einstimmen – was sie auch machen, es ist immer falsch."

Seit zwei Stunden stehen Sie jetzt hinter mir", schimpft der Mann am Schachcomputer, „spielen Sie doch selbst!"
„Geht nicht. Dazu fehlt mir die Geduld."

Am Informationsschalter des Warenhauses bittet ein kleiner Junge: „Wenn eine blonde, hysterische Frau kommt und klagt, sie habe ihr Kind verloren, sagen Sie ihr, daß ich in der Spielwarenabteilung am Computerstand bin."

Woher kommt denn der weiße Fleck auf deinem Bauch?"
„Vom Knoten im Taschentuch, das ich draufgelegt hatte, um nicht zu vergessen, mich umzudrehen!"

Warum liegen Sie bei diesem Sauwetter nackt am Strand?"
„Weil ich mir vorgenommen habe, endlich mal Farbe zu kriegen – und wenn es Blau ist!"

Ich habe in Spanien zu lange in der Sonne gelegen und einen Sonnenstich abbekommen!"
„Und – wie äußert sich das?"
„Was?"

Schatten spenden, hatte ich gesagt!" sprach die Strandschöne und schubste den Herrn runter.

Siehst du", seufzt sie, „das ist der Unterschied. Die in Los Angeles holen Gold. Und was holst du? Bier!"

Ich bin in einer Stunde zehn Kilometer gelaufen."
„Unmöglich."
„Frag Willi, er ist mitgelaufen."
„Ja, zu zweien, zu zweien."

Das ist die Kehrseite der Medaille", meint der Goldjunge nach seinem Turmsprung, als er von dem erfolgreichen Seitensprung seiner Frau erfährt.

Schau dir doch mal diesen Geher mit den X-Beinen an!"
„Was du so siehst – ich sehe nur zwei!"

Der Fernsehkommentator berichtet: „Während die Herren sich aufs Kraulen vorbereiten, wickeln die Damen gerade einhundert Meter Brust ab."

Ist das Ihr Junge, der gerade meine Badehose ins Wasser wirft?"
„Nein, meiner ist der andere, der Ihre Picknicktasche voll Sand schaufelt."

Hat Ihnen der Surfkursus eigentlich was gebracht?"
„Klar, ich lag so oft im Wasser, daß ich mir den Tauchkursus sparen konnte."

Ich habe mein ganzes Vermögen auf Ibiza angelegt."
„In Grundstücken?"
„Nö, in Cocktails!"

Wie wundervoll blau der Himmel heute wieder ist!"
„Der hat ja auch niemanden, der ihm das verbietet!"

Freust du dich gar nicht, Liebling, daß ich so gut tauchen kann?"
„Du tauchst ja doch immer wieder auf!"

Ein Floh gewinnt im Lotto.
„Was machst du mit dem vielen Geld?"
„Ich kauf' mir einen großen Hund – ganz für mich alleine!"

Gestern haben wir uns Tannhäuser angesehen."
„Sehr vernünftig – Häuser sind immer noch die sicherste Anlage!"

Könnte ich doch mein Gold mitnehmen, wenn ich sterbe."
Der Beichtvater schüttelt den Kopf: „Es würde schmelzen!"

Was macht Ihr Mann eigentlich in seinem Hobbyraum?"
„Er züchtet Kaninchen."
„Versteht er was davon?"
„Er nicht, aber die Kaninchen."

Mein Aquarium ist mein Hobby. Stundenlang beobachte ich die exotischen Fische."
„Und was sagt Ihre Frau dazu?"
„Die interessiert doch nicht, was ich im Büro mache."

Was treibt ihr denn da unten im Partykeller?" ruft die Mutter.
„Gruppensex!"
„Und ich dachte, ihr raucht schon wieder, Kinder."

Ein Polizist klingelt: „Ist Ihr Mann Funker?"
„Ja, ein harmloser Amateurfunker."
„Was heißt hier harmlos! Die gesamte Nato-Flotte läuft gerade aus."

Wir haben unser Haus schwarz bauen lassen, aber das war wohl ein Fehler."
„Wieso?"
„Neulich wollte ich einen Haken in die Wand schlagen – das war eine richtige Katastrophe!"
„Aber die Wand läßt sich doch sicher ausbessern?"
„Welche Wand?"

Warum arbeitest du nicht?" fragt der Polier seinen Hilfsarbeiter.
„Ich kann nicht, ich habe Schüttelfrost!"
„Ausgezeichnet, dann kannst du ja den Sand sieben."

**Ein Tourist in Afrika sieht einen Eingeborenen verzweifelt trommeln.
„Warum trommeln Sie?" fragt er.
„Wir haben kein Wasser", antwortet der Schwarze.
„Aha", fährt der Tourist fort, „und jetzt trommeln Sie und bitten um Regen?"
„Aber nein, ich rufe den Klempner."**

Er schwankt durch die Nacht und singt:
„Guter Mond, du gehst so stille..."
Eine Stimme ruft: „Nehmen Sie sich daran mal ein Beispiel!"

Ich gehe nie wieder zu einem Flutlichtspiel", sagt Susi zu ihrer Freundin, „stell dir vor, 10 000 Männer, und dann geht das Licht aus."

Als Sie verreist waren, ging Ihr Mann die ganze Nacht vor dem Haus auf und ab. Ist er mondsüchtig?"

„Nein, aber er hat sicher wieder überlegt, in welcher Kneipe er seine Hausschlüssel vergessen hatte."

Medizinisches Staatsexamen. Der Professor sieht den stummen Kandidaten ermunternd an:

„Lieber junger Freund! Antworten Sie ruhig, ihre ärztliche Schweigepflicht hat noch nicht begonnen!"

Mutter und Tochter aus Norddeutschland machen Urlaub in Bayern. Nach dem ersten Tanz beim Trachtenball meint die Mutter: „Dein Tänzer war aber nett. Ist er aus Ruhpolding?" – „Nein, er ist wohl Italiener, er hat immer nur ‚Dipackiano' gesagt!"

Auf dem Friedhof in Schottland steht auf einem Grabstein: „Hier ruht Stanford McGregor, ein mildtätiger Mensch und ein guter Vater."
„Typisch schottisch", murmelt ein Schwabe, „drei Mann in einem Grab."

Sehen Sie, so was wie den Vesuv haben Sie in Amerika nicht!"
„Geb' ich ja zu", erwidert der Amerikaner, „aber wir haben die Niagarafälle, mit denen könnte man das da im Handumdrehen löschen!"

**Unser Urlaub war katastrophal."
„Lag's am Wetter?"
„Nein. Unsere Videoanlage im Campingbus hatte einen Wackelkontakt."**

Können Sie mir sagen, wo ich hier die Laokoongruppe finde?"
„Tut mir leid, ich gehöre zu Neckermann."

**Meine Eier sind Klasse A. Deine Eier sind höchstens Klasse B!"
„Meinst du, ich würde mir wegen der blöden zwei Pfennig den Hintern verrenken?" gackert das Huhn.**

Leben Sie tatsächlich seit zwanzig Jahren nur von Gemüse?"
„Natürlich, ich bin Gemüsehändler!"

Was, tausend Mark wollen Sie für das Schaf haben? Das ist doch nicht Ihr Ernst!"
„Aber, mein Herr, es ist reine Wolle!"

Mein Mann ist wie ein Kaninchen. Er knabbert alles, was nach Gemüse aussieht!"
„Na und – ist doch gesund."
„So gesund auch wieder nicht. Der Gemüsebauer hat schon dreimal mit Schrot auf ihn geschossen."

Sechs Kinder haben Sie?"
„Ja, sieben, sechs, fünf, vier, drei und zwei Jahre alt – dann haben wir uns Video angeschafft."

Die schon etwas bejahrte Studentin fällt zum drittenmal durchs Examen.
„Das mußte ja so kommen", sagt sie zu ihren Freunden, „derselbe Saal, dieselben Prüfer, dieselben Fragen..."

Frau Meier zu Frau Kiekebusch: „Ich wußte nie, daß mein Mann trinkt, bis ich ihn eines Tages nüchtern sah."

Dieses Videogerät können Sie zum halben Katalogpreis haben."
„In Ordnung, was kostet der Katalog?"

Mein Herr, Sie können volles Vertrauen zu uns haben. Wir stehen voll hinter jedem Gebrauchtwagen, den wir Ihnen verkaufen!"
„Zum Anschieben, wa?"

Was ist mit meinem Auto?" fragt er in der Werkstatt.
„Tja", meint der Meister und kratzt sich am Kopf, „ich will's mal so sagen: Wenn Ihr Auto ein Pferd wäre, müßte man es erschießen!"

**Der Wagen verliert Wasser und Öl."
„Ist ja auch ein Auslauf-Modell!"**

Er fragt den Gebrauchtwagenhändler: „Wieviel bekomme ich noch für meinen Wagen?"
„Vollgetankt...?"

Ist Ihr Wagen schon mal gründlich überholt worden?" fragt der Mann vom TÜV.
„Schon oft. Sogar von Fußgängern!"

Kann man mit diesem Sportwagen denn auch mit 180 in die Kurve gehen?"
„Aber natürlich, mein Herr – einmal!"

Im Autosalon zeigt ein Kunde auf den Kleinwagen und fragt: „Kriegen Sie mit dem Gerät auch Radio Luxemburg rein?"

Herr Martin hat das Stoppschild übersehen. Ein Polizist hält ihn auf: „Wissen Sie nicht, was dieses Schild bedeutet?"
„Bedaure", meint Herr Martin, „fragen Sie mal drüben am Kiosk."

Ein Streifenwagen stoppt auf der Landstraße einen Sportwagen: „Sie sind etwas zu schnell gefahren!"
„Zu schnell? Aber das waren höchstens 200 Stundenkilometer!"
„Noch schlimmer, dann sind Sie zu niedrig geflogen!"

Der alte Nerz, den ich mir gekauft habe, scheint nichts zu taugen."
„Wie kommst du darauf?"
„Ich habe ihn gestern in der Kneipe vergessen – heute hing er immer noch da."

Kannst du mir ein Beispiel dafür nennen, daß nicht alles Gold ist, was glänzt?" – „Ihre Hose, Herr Studienrat!"

Den Anzug habe ich besonders günstig erstanden!"
„Was hat er denn gekostet?"
„Achtzig, mit zwei Hosen."
„Preiswert, aber zwei wären mir zu warm."

Der Verkäufer zeigt der Kundin einige spottbillige Pelzmäntel, aber sie sind ihr alle noch zu teuer.
„Und was halten Sie von Persianerklauen?"
„Hab' ich auch schon mal dran gedacht, aber was ist, wenn man mich erwischt?"

Haben Sie getragene Autohandschuhe?"
„Welche Nummer, bitte?"
„HH-MD 1735."

Dieses Haus ist etwas für Liebhaber, gnädige Frau!" wirbt der Makler.
„Sprechen Sie doch bitte etwas leiser, mein Mann ist wahnsinnig eifersüchtig!"

Warum habt ihr nur gelbe Tapeten? Steht deine Frau auf Gelb?“
„Nein, aber unser Sohnemann mag keine weichen Eier!“

Wie soll das Landhaus aussehen, das ich bauen soll?“ fragt der Architekt.
„Es muß unbedingt zu dem antiken Türknauf passen, den meine Frau kürzlich aus Italien mitgebracht hat.“

Der Ehemann klagt, daß seine Frau im Schlaf laut spricht. „Sie ruft immer: ‚Nein, Otto, nein!‘“
„Sie heißen wohl nicht Otto?“
„Nein, Klaus.“
„Nun, solange sie ‚Nein, Otto!‘ ruft, würde ich mir keine Sorgen machen.“

Dein Traum von einer teuren Wohnung geht nun endlich in Erfüllung."
„Wie denn das, Liebster?"
„Ganz einfach – die Miete wird erhöht."

Ich hatte einen furchtbaren Alptraum", stöhnt Herr Hackmann, „ich träumte, ich läge mit Pamela, Sue Ellen und Lucy im Bett."
„Das ist doch kein Alptraum!"
„Und ob! Ich selbst war Miß Ellie!"

Ein Angestellter träumte schwer: Er sah sich in seinem Büro sitzen, die Tür ging auf, sein Chef kam herein und brüllte: „Meier, Sie sind entlassen!"
Als er erwachte, sah er seinen Chef gerade noch sein Büro verlassen.

Mama, ich mag nicht mehr zur Schule gehen. Die Lehrer schimpfen mit mir, und die Schüler lachen über mich."
„Aber, Junge, reiß dich zusammen. Immerhin bist du der Direktor."

Ich gehe zu meiner Mutter zurück", droht sie.
„Das geht nicht. Dein Vater hat gerade angerufen – deine Mutter ist zu deiner Großmutter gezogen!"

Macht Ihrem Pferd beim Ausreiten nicht der Straßenverkehr zu schaffen?"
„Nein, echt verstört ist es nur, wenn es zufällig ein anderes Pferd sieht!"

Junge, du wirst volljährig. Es wird Zeit, daß du dich von der Mutter abnabelst. Ab morgen schläfst du wieder in deinem Kinderbettchen."

Gibt es Krieg?" fragt der Afrika-Tourist ängstlich, als er die Trommeln hört.
„No, Mister", beruhigt ihn der Führer, „das heißt: Kleider runter, Preise rauf, Touristen kommen."

Der Sohn schreibt aus den Ferien: „Liebe Eltern, das Wetter ist hier schön, mir geht es gut. Macht Euch keine Sorgen. Tschüs, Euer Jochen.
P.S. Was ist eine Epidemie?"

Kaffee, Tee, Spirituosen, Zigaretten?" fragt der Zollbeamte.
„Nein, danke", meint der Tourist, „völlig eingedeckt!"

Der Urlauber ist während seines Aufenthalts auf Kreta verstorben. Ein Verwandter flüstert der Witwe zu: „Er sieht gut aus, wie er so friedlich daliegt."
„Ja, die Luft dort ist ihm ausgezeichnet bekommen."

Ein Liebespaar liegt unter einem blühenden Baum. „Siehst du die Vögel?" haucht er. „Wie sie schnäbeln, turteln und ihre Nester bauen! Sollen wir es nicht einfach auch so machen wie sie?"
„Quatsch!" sagt sie. „Du kommst ja doch nicht auf den Baum!"

Na, gehst du schon zur Schule?"
„Nein, meine Eltern schicken mich."

Klaus wacht im Krankenhaus auf. „Was ist passiert?“ flüstert er. „Du hast gegen drei Uhr nachts das Fenster aufgemacht, um uns zu zeigen, wie die Vöglein im Frühling fliegen.“
„Warum habt ihr mich denn nicht zurückgehalten?“
„Wir dachten, du könntest es!“

Dem Urgroßvater geht das Gebrüll des Urenkels auf die Nerven. „Sag bitte deinem Sohn“, raunzt er seinen Sohn an, „sein Sohn soll das Maul halten!“

Frau Müller hat sich am Sonntag von der Witwe nebenan etwas Zucker ausgeliehen. Am Montag klagt ihr Mann, der den Kaffee stark zu süßen pflegt, über Leibschmerzen. „Jetzt weiß ich endlich“, murmelt Frau Müller, „warum der ihr Mann an Zucker gestorben ist, wie sie immer sagt.“

Der Junge fragt die alte Dame höflich nach dem Weg zum Bordell. Empört gibt sie ihm eine Ohrfeige. Ein Stück weiter fragt er einen Polizisten. Der ohrfeigt ihn auch. Da geht der Junge nach Hause zurück und sagt wütend zu seinem Vater: „Hol dir deinen blöden Schirm doch selber ab!“

Zwei sehr alte Männer sitzen auf einer Parkbank.
„Frühling ist doch schön", sagt der eine.
„Aber eine Liebesnacht ist auch schön", meint der andere.
„Ja, schon, aber Frühling ist öfter..."

Helgas Mann ist aber auch nie zu Hause. Was macht der denn in seiner Freizeit?"
„Waldlauf, meine Liebe, immer nur Waldlauf. Helga ist schon genauso sauer wie der Wald."

Mußt du denn immer mit der Mode rennen?"
„Ich renne nicht mit der Mode. Ich jogge!"

**Warum gehst du in deinem neuen Reitkostüm so auffällig O-beinig?"
„Damit die Leute glauben, ich hätte ein Pferd."**

Ein Amerikaner läßt sich in Deutschland einen Freizeitanzug arbeiten. Der Meister nimmt Maß und fragt: „Tragen Sie rechts oder links, Mister?"
Lächelnd winkt der Amerikaner ab: „Let him swing!"

Wie findest du meine neuen Freizeithosen?"
„Offen gestanden, prima!"

Scheißkostüm!" fluchte Schneewittchen, als es sich vor lauter Zwergen nicht mehr retten konnte.

**Schwankend verläßt ein Kostümierter im Morgengrauen die Karnevalsfete. Mißmutig schnuppernd hält er die Pappnase in die Luft und fragt den Gastgeber: „Sag mal, was riecht denn hier so komisch?"
„Morgenluft, mein Lieber, Morgenluft."**

Ein Mann meldet bei der Polizei, daß seine Frau nach dem Besuch eines Kostümballs verschwunden ist.
„Wann war der Kostümball?" fragt der Beamte.
„Vor vierzehn Tagen."
„Und das melden Sie jetzt?"
„Ich habe heute erst festgestellt, daß der Familienschmuck weg ist."

**Nicht wahr, diese Rockkonzerte werden auch immer lauter!"
„Danke der Nachfrage – und Ihnen und Ihrer Frau?"**

Der amerikanische Tourist grüßt leutselig einen fröhlichen Landmann: „Hallo, Mister!"
„Tut mir leid, ich bin nicht der Mister", sagt der gute Mann, „ich bin der Melker!"

Haben Sie mal getrennten Urlaub gemacht?"
„Ja, vor fünf Jahren. Hat mir sehr gut gefallen."
„Und Ihrem Mann?"
„Weiß nicht – er ist noch nicht zurück."

Zieht es Sie im Frühjahr auch so in den Süden?"
„Nein, nur in den Beinen."

Herr Ober, in meiner Suppe kämpfen zwei Fliegen!"
„Haben Sie für drei Mark fünfzig etwa einen Stierkampf erwartet?"

Ist Ihr Gatte schon von seiner Frühlingsreise zurück?"
„Nein, aber ich habe schon vor drei Wochen ein Gnadengesuch eingereicht."

Sie sind ja heute so früh im Büro!"
„Mein Auto ist in der Werkstatt – ich bin zu Fuß gegangen."

Ein Kosmonaut wird, nachdem er vom Mars zurückgekehrt ist, von einem Reporter interviewt:
„Gibt es nun Leben auf dem Mars?"
„Die Wahrheit ist, an den Wochentagen ist absolut nichts los, aber Samstag abend – toller Betrieb!"

Seit Stunden kein Weiterkommen auf der vollgepfropften Autobahn. Da meint der Fahrer, völlig erschöpft, zu seiner Frau: „Fühlst du dich stark genug und übernimmst das Steuer mal für die nächsten zwanzig Meter?"

Ein Kleinwagen steht mit geöffneter Motorhaube und dampfendem Kühler im Stau. Beugt sich ein LKW-Fahrer aus seinem Führerhaus: „Darf der Kleine denn schon rauchen?"

In wenigen Minuten landen wir in Neapel. Bitte schnallen Sie Ihre Brieftaschen an!"

Ich habe einen arbeitswütigen Chef! Wenn ich mein Butterbrotpapier nicht gleich in den Papierkorb werfe, unterschreibt er auch das!"

Was fehlt dir?"
„Meine Sekretärin!"
„Hat sie gekündigt?"
„Ja, sie hat mich erwischt, als ich meine Frau küßte!"

Der Manager am Montagmorgen: „Was steht denn diese Woche wieder alles auf meinem Terminkalender?"
Die hilfreiche Assistentin: „Montag, Dienstag, Mittwoch..."

Was hast du gegen deine Sekretärin? Sie errät doch wirklich alle deine Wünsche!"
„Schon, aber sie erfüllt sie mir nicht."

Ist dein Chef morgens auch immer so schlecht gelaunt?"
„Überhaupt nicht, meistens bringt er mir sogar das Frühstück ans Bett."

Herr Doktor, wie alt kann ich werden?"
„Hm, rauchen Sie?"
„Nein!"
„Trinken Sie?"
„Nein!"
„Sex?"
„Nein!"
„Warum, zum Teufel, wollen Sie dann alt werden?"

**Wieviel haben Sie denn so verloren nach Ihrer Knoblauchkur?"
„Zwölf Pfund und alle Freunde."**

Ich habe mich ein Leben lang krummgelegt, mein Sohn, um dir dein Medizinstudium zu ermöglichen, und jetzt verbietest du mir Rauchen und Trinken."

Stimmt es, daß Ihr Mann jetzt Gewichtheben trainiert?"
„Ja, er steht mehrmals am Tag aus seinem Sessel auf!"

Am Vatertag dreht sich immer alles um meinen Mann!"
„Ja, es ist schon schwierig, wenn so ein Kerl mal betrunken ist!"

Was machst du am Sonntag, mein Junge?"
„Picknicken!"
„Allein?"
„Nee, nehm' Ilse mit."
„Leg dich nur nicht ins feuchte Gras!"
„Nee, sag' doch, nehm' Ilse mit!"

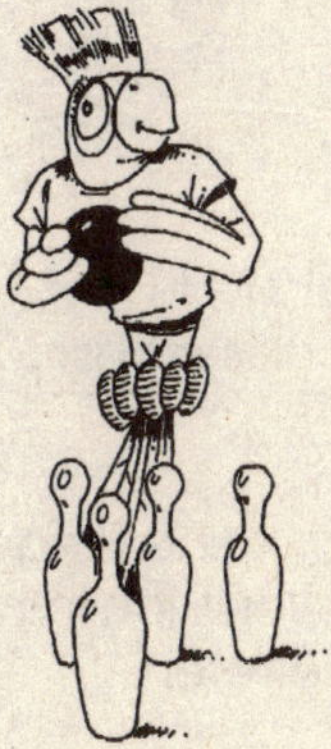

Auf dem Spaziergang stößt der Ehemann plötzlich seine Frau an: „Schnell, mach ein glückliches Gesicht. Dahinten kommt meine erste Frau."

Meine Frau macht mir das Leben zur Hölle! Nur weil der Vatertag jetzt vorbei ist, soll ich mir mein Bier wieder selbst einschenken!"

Regnet es hier viel, Herr Ober?"
„Weiß ich nicht, an diesem Tisch bedient mein Kollege."

Kurt kann einfach keine Fliegen tragen!" seufzt Frau Binderich. „Aber wenn ich ihm das sage, fühlt er sich auf den Schlips getreten."

Hochwasser. Ein Hut schwimmt vorbei.
„Gucke mal", sagt einer, „ein Hut!"
„Das ist kein Hut", sagt ein anderer, „das ist Bauer Hein. Der mäht doch bei jedem Wetter!"

Was für Wetter hattet ihr denn?"
„Keine Ahnung, es war immer so bewölkt, daß wir nichts erkennen konnten!"

Trennen Sie sich doch von der Erstausgabe der ‚Leiden des jungen Werther', ich biete Ihnen, was Sie wollen!" versucht der Sammler die Professorenwitwe zu überreden.
„Können Sie gar nicht!" erwidert sie. „Alles, was ich will, ist ein Tisch, der nicht wackelt, und ohne Werther wackelt er!"

Welche deiner vielen Bücher sind dir denn am wichtigsten?"
„Immer noch das Kochbuch meiner Mutter und natürlich das Scheckbuch meines Vaters."

Es gibt Frauen, die können anziehen, was sie wollen, ihnen steht einfach nichts, und es gibt Männer, die können ausziehen, was sie wollen – da ist es genauso!“

Die Tante schenkt Paulchen zum Geburtstag ein Buch. Erstaunt fragt er die Mutter: „Was ist das?“
„Das ist ein Buch“, erklärt die Mutter, „daraus werden die Filme fürs Fernsehen gemacht, die du so gern siehst.“

Ist deine kluge Frau eigentlich immer noch so schön wie damals, als ihr euch kennengelernt habt?"
„Doch, aber sie braucht jetzt drei Stunden länger."

„Mir geht es mehr um die inneren Werte!" sagte der Heiratsschwindler, ließ die hübsche Braut liegen und nahm das Sparbuch mit.

„Ihre Frau sieht aber nicht gut aus", meint der Hausarzt zum Ehemann.
„Weiß ich doch, weiß ich doch, Doktor – aber Geld hat sie!"

„Ein ideales Paar!" sagt der Hochzeitsgast zum anderen.
„Er ist so dumm, wie sie häßlich ist!"

„Wo waren Sie in Ihrem Urlaub?"
„Neun Stunden in einer Gletscherspalte und drei Wochen im Krankenhaus."

Wanderer nähern sich der Almhütte.
Ruft der Almwirt dem Stalljungen zu:
„Sepp, jag die Ziegen raus, die Touristen wollen Gemsen sehen!"

Er bezahlt mürrisch das Verwarnungsgeld wegen zu schnellen Fahrens und bekommt eine Quittung. „Was soll ich damit anfangen?" brummt er.
„Die heben Sie schön auf", erwidert der Polizist, „und wenn Sie zehn zusammenhaben, bekommen Sie ein Fahrrad."

Wir haben Sie soeben bei einer Geschwindigkeitsüberschreitung fotografiert."
„Herzlichen Dank. Wenn's hübsch geworden ist, hätte ich gern vier Abzüge."

Sind Sie wahnsinnig, mit 90 durch eine Ortschaft zu rasen, Sie alte Kuh?“
„Herr Wachtmeister, das ist nur die Cabriohaube, die mich so alt macht.“

Ich habe Ihren Hahn überfahren! Darf ich Ihnen das Tier ersetzen?"
„Meinetwegen, guter Mann", antwortet der Bauer, „wenn Sie meinen, daß Sie mit den Hühnern zurechtkommen."

Zwei Wanderer stehen vor einer tiefen Felsspalte. „Da ist vor vier Tagen mein Bergführer reingefallen“, sagt der eine.
„Und das erzählst du so ungerührt?“
„Na ja, er war bereits ziemlich alt, und es fehlten auch schon Seiten.“

Der Reiseleiter stand eben noch mit seiner Gruppe auf dem Gipfel und warnte: „Meine Damen und Herren, gehen Sie nicht zu nah an den Abgrund, da ist kein Geläääääää...“

Was möchtest du lieber, ein Schwesterchen oder ein Brüderchen?"
„Wenn es dich nicht allzusehr anstrengt, Mutti, einen kleinen Computer!"

Ortsfremder zum Einheimischen: „Sagen Sie, ist das Hotel dort drüben das beste im Ort?“
„Nein. Aber das einzige.“

Mein Mann hat mich verlassen.“
„Der kommt bestimmt zurück.“
„Diesmal nicht, er hat unsern Heimcomputer mitgenommen.“

LACHEN MIT FIPS ASMUSSEN

IN DIESER REIHE SIND BISHER ERSCHIENEN:

- NUR VOM FEINSTEN
- DA KOMMT FREUDE AUF
- ICH BRECH ZUSAMMEN
- ECHT SPITZE
- UND DANN WAR DA NOCH
- DAS DARF DOCH NICHT WAHR SEIN
- DAS MACHT SPASS
- DA GEHT DIE POST AB
- EINFACH LUSTIG
- AU BACKE

MOEWIG

FIPS ASMUSSEN

Bisher sind von Fips Asmussen erschienen:

Witze am laufenden Band (1)	490 085
Witze am laufenden Band (2)	490 086
Eine Mütze voller Witze	490 087
Au Weia	490 088
Aber Hallo...	490 089
Das halt' ich im Kopf nicht aus	490 090
Balla Balla	490 091
Schlag auf Schlag	490 093
Kennen Sie den ?	490 094
Er nun wieder !	490 095
Auch das noch !	490 097
...aus dem Leben gegriffen !	490 098
Spaß muß sein	495 778
Humor ohne Grenzen	490 410
Jetzt geht's rund	490 602
Da bleibt kein Auge trocken	491 139
Gnadenlos witzig	74321 23618 4
Nur vom Feinsten	74321 23617 4
Gnadenlos witzig CD	74321 23618 2
Nur vom Feinsten CD	74321 23617 2

Kontaktadresse: Fips Asmussen, 23881 Niendorf a.d. Stecknitz

BMG Ariola Miller GmbH, 25451 Quickborn bei Hamburg · A Bertelsmann Music Group Company